I0017954

TABLE DES MATIÈRES

PRÉFACE

Chers lecteurs,

Bienvenue dans "2024: Naviguer dans un Monde Connecté - Stratégies pour la Cybersécurité et la Vie Numérique", un voyage à travers le paysage dynamique et en constante évolution de notre monde numérique. Ce livre est conçu pour vous guider, que vous soyez un novice dans le domaine de la technologie ou un professionnel chevronné, à travers les défis et les opportunités uniques que présente notre ère numérique.

En tant qu'auteur, j'ai été inspiré par la rapidité des changements technologiques et le besoin croissant de comprendre et de naviguer dans ce monde complexe. Ce livre est le fruit d'une quête personnelle pour démystifier les tendances technologiques, offrir des stratégies de cybersécurité pratiques et fournir des insights sur la manière dont la technologie façonne nos vies personnelles et professionnelles.

À travers ses pages, vous découvrirez des sujets allant de la cybersécurité et de la vie privée en ligne aux implications du cloud computing, de l'IA, et bien plus encore. Chaque chapitre est structuré pour vous offrir une compréhension claire et approfondie du sujet, tout en vous fournissant des conseils pratiques et applicables dans votre vie quotidienne.

Ce livre est plus qu'un simple guide; c'est une invitation à devenir un acteur éclairé et compétent dans un monde connecté. Il est conçu pour vous aider à prendre des décisions informées et à vous adapter à un environnement numérique en perpétuelle évolution.

Je vous encourage à aborder ce livre avec curiosité et ouverture d'esprit. Que vous soyez intéressé par la protection de votre vie numérique, désireux d'explorer les dernières innovations technologiques, ou cherchant à développer vos compétences numériques, ce livre est fait pour vous.

Bonne lecture, et bienvenue dans l'aventure de la vie numérique en 2024.

Cordialement,

Paul Brémond

ÈRE NUMÉRIQUE: COMPRENDRE LE PAYSAGE DE 2024

L'année 2024 marque une étape clé dans l'évolution de notre monde numérique, une ère où la technologie façonne chaque aspect de notre vie quotidienne. Dans ce contexte, il est crucial de comprendre le paysage numérique actuel, ses tendances dominantes et son impact sur nos vies. Ce chapitre vous introduira aux tendances technologiques et numériques qui définissent cette ère, offrant un aperçu essentiel pour naviguer avec succès dans un monde de plus en plus connecté.

La première tendance notable en 2024 est **l'avancée fulgurante de l'intelligence artificielle (IA)**. L'IA n'est plus une technologie de l'avenir, mais une réalité quotidienne, influençant des domaines allant de la santé à la finance. L'adoption généralisée de l'IA a transformé la façon dont nous travaillons, apprenons et interagissons avec le monde qui nous entoure. Elle est devenue un outil indispensable pour la personnalisation des services, la prise de décision basée sur les données et l'automatisation des tâches répétitives.

En parallèle, **le cloud computing** a atteint un niveau de maturité qui permet une flexibilité et une efficacité sans précédent dans la gestion des données et des services. Les entreprises, grandes ou petites, ainsi que les individus, profitent maintenant de la puissance du cloud pour stocker, traiter et accéder à l'information de manière sécurisée et évolutive. Cette transition vers le cloud a également entraîné une augmentation de la dépendance vis-à-vis des fournisseurs de services cloud, soulevant des questions importantes de sécurité et de confidentialité.

Une autre évolution marquante est l'**adoption massive des réseaux 5G**. La 5G a révolutionné l'internet mobile, offrant des vitesses de connexion ultra-rapides, une faible latence et une capacité accrue. Ce progrès technologique a permis le développement de nouvelles applications, notamment dans les domaines de la réalité augmentée et virtuelle, et a facilité l'émergence de villes intelligentes et de technologies de l'Internet des Objets (IoT).

Les **réseaux sociaux et les plateformes numériques** continuent de jouer un rôle central dans la communication et l'interaction sociale. En 2024, ces plateformes ne se limitent pas seulement à partager des moments de vie ou des opinions, mais deviennent des canaux privilégiés pour le commerce, l'éducation et le divertissement. La frontière entre le monde réel et le monde virtuel s'estompe, créant de nouvelles opportunités mais aussi des défis en termes de gestion de l'identité numérique et de la désinformation.

Enfin, **la sécurité numérique** est devenue une préoccupation majeure pour les individus et les organisations. Avec l'augmentation des cyberattaques et des violations de données, la protection des informations personnelles et professionnelles est devenue essentielle. Il est impératif de développer une compréhension solide des meilleures pratiques en matière de cybersécurité pour se protéger contre les menaces en ligne.

En comprenant ces tendances clés et leur impact, nous pouvons mieux naviguer dans le paysage numérique de 2024, tirant parti des opportunités tout en minimisant les risques. Ce chapitre pose les bases pour une exploration plus approfondie de chacune de ces tendances, fournissant les outils nécessaires pour s'adapter et prospérer dans cette ère numérique dynamique.

CYBERSÉCURITÉ: PROTÉGER VOTRE VIE NUMÉRIQUE

Dans un monde de plus en plus connecté, la cybersécurité est devenue un élément crucial de notre vie quotidienne. Protéger vos informations personnelles et professionnelles dans l'espace numérique n'est plus une option, mais une nécessité. Ce chapitre se concentre sur les stratégies essentielles pour sécuriser vos données, une compétence indispensable en 2024 pour naviguer en toute sécurité dans le monde numérique.

La première étape pour renforcer votre cybersécurité est de **comprendre les menaces actuelles**. Les cyberattaques évoluent constamment, prenant des formes diverses telles que le phishing, les logiciels malveillants, les attaques par déni de service (DDoS), et le vol d'identité. Se familiariser avec ces menaces vous permettra d'identifier les risques potentiels et d'adopter des comportements préventifs.

Une des clés de la protection de vos données est l'utilisation de **mots de passe forts et uniques** pour chaque compte. L'utilisation de gestionnaires de mots de passe est fortement recommandée, car ils aident à créer et à stocker des mots de passe complexes, réduisant ainsi le risque de piratage de vos comptes.

La mise à jour régulière de vos logiciels est une autre pratique essentielle. Les mises à jour incluent souvent des correctifs pour des vulnérabilités de sécurité découvertes récemment. En gardant votre système d'exploitation, vos applications et vos logiciels de sécurité à jour, vous réduisez considérablement les failles que les pirates peuvent exploiter.

La sensibilisation et la formation continue en matière de cybersécurité sont également cruciales. Que ce soit dans un cadre professionnel ou personnel, rester informé des dernières tendances en matière de sécurité numérique est essentiel. Des programmes de formation et des ressources en ligne peuvent fournir des connaissances précieuses sur la manière de détecter et de gérer les cybermenaces.

Le cryptage des données joue un rôle important dans la protection de vos informations. Utiliser le cryptage pour sécuriser vos données sensibles, que ce soit sur des appareils de stockage ou lors de la transmission en ligne, ajoute une couche supplémentaire de sécurité, rendant vos données inutilisables en cas d'accès non autorisé.

Enfin, il est important de **sécuriser votre réseau domestique et professionnel**. Cela inclut l'utilisation de réseaux Wi-Fi sécurisés, la mise en place de pare-feu, et la segmentation du réseau pour limiter l'accès aux données sensibles. En outre, la mise en œuvre de politiques de sécurité efficaces dans les entreprises est essentielle pour protéger les informations et les infrastructures contre les cyberattaques.

En adoptant ces stratégies, vous pouvez significativement renforcer votre sécurité numérique et naviguer avec confiance dans le paysage numérique de 2024. La cybersécurité n'est pas seulement une affaire de technologie, mais aussi de sensibilisation et de comportement. En étant proactif et en prenant les mesures appropriées, vous pouvez protéger efficacement vos informations personnelles et professionnelles contre les menaces croissantes du cyberespace.

GESTION DE LA VIE PRIVÉE EN LIGNE

La gestion de la vie privée en ligne est devenue un aspect essentiel de notre existence dans le monde numérique de 2024. Avec l'omniprésence d'Internet dans nos vies, il est crucial de maintenir la confidentialité et la sécurité de nos données personnelles. Ce chapitre offre des conseils pratiques pour vous aider à naviguer dans l'environnement numérique tout en protégeant votre vie privée.

La première étape pour protéger votre vie privée en ligne est de **comprendre les informations que vous partagez.** Chaque fois que vous visitez un site web, utilisez une application ou interagissez sur les réseaux sociaux, vous laissez des traces de données. Il est important de prendre conscience de la nature et de la quantité d'informations que vous divulguez et de l'impact potentiel sur votre vie privée.

Configurer les paramètres de confidentialité sur les réseaux sociaux et les autres plateformes en ligne est crucial. Ces paramètres vous permettent de contrôler qui peut voir vos informations et comment elles peuvent être utilisées. Prenez le temps de comprendre et d'ajuster ces paramètres pour refléter vos préférences en matière de confidentialité.

L'utilisation de la navigation privée est une autre méthode pour protéger votre vie privée. Les navigateurs modernes offrent des options pour naviguer sans laisser de traces, comme l'historique de navigation ou les cookies. Cela est particulièrement utile lorsque vous utilisez des ordinateurs publics ou partagés.

Faites attention aux e-mails et aux messages suspects. Le phishing reste une méthode courante utilisée par les cybercriminels pour voler des informations personnelles. Soyez vigilant face aux e-mails ou messages qui demandent des informations sensibles ou qui semblent provenir de sources non fiables.

Utiliser des services VPN (réseaux privés virtuels)

peut augmenter votre anonymat en ligne. Les VPN cachent votre adresse IP et cryptent votre trafic Internet, protégeant vos données des regards indiscrets, en particulier lorsque vous utilisez des réseaux Wi-Fi publics.

Enfin, **soyez conscient de votre empreinte numérique**. Chaque action en ligne, des commentaires sur les réseaux sociaux aux avis laissés sur les sites de e-commerce, contribue à votre empreinte numérique. Pensez à l'impact à long terme de vos publications en ligne et à la manière dont elles pourraient être perçues dans le futur.

En suivant ces conseils, vous pouvez prendre des mesures proactives pour maintenir la confidentialité et la sécurité de vos données personnelles. La gestion de la vie privée en ligne n'est pas une tâche ponctuelle, mais un processus continu d'évaluation et d'adaptation à l'évolution du paysage numérique. En étant vigilant et en adoptant de bonnes pratiques, vous pouvez profiter des avantages du monde numérique tout en protégeant votre vie privée.

LES RÉSEAUX
SOCIAUX
EN 2024

En 2024, les réseaux sociaux continuent d'être une composante intégrale de notre vie numérique. Cependant, leur utilisation et leur influence ont considérablement évolué. Ce chapitre explore comment utiliser les plateformes de réseaux sociaux de manière responsable et efficace, en tenant compte des changements et des tendances actuelles.

L'une des évolutions majeures dans l'utilisation des réseaux sociaux est l'**augmentation de l'authenticité et de la transparence.** Les utilisateurs, fatigués des contenus superficiels et des publicités envahissantes, recherchent désormais des interactions plus authentiques et significatives. En 2024, il est donc crucial de créer et de partager du contenu qui reflète vos véritables intérêts et valeurs.

La protection de la vie privée et de la sécurité en ligne reste un aspect essentiel de l'utilisation des réseaux sociaux. Avec les avancées technologiques, les plateformes de réseaux sociaux offrent des options de confidentialité plus robustes et personnalisables. Il est important de régulièrement vérifier et ajuster vos paramètres de confidentialité pour contrôler qui peut voir vos publications et accéder à vos informations personnelles.

L'impact des algorithmes sur la diffusion du contenu est un autre point à considérer. Ces algorithmes tendent à favoriser les contenus qui génèrent une forte interaction. Comprendre comment fonctionnent ces algorithmes peut vous aider à optimiser la visibilité de vos publications, que ce soit pour des besoins personnels ou professionnels.

La montée en puissance de l'IA et de l'apprentissage automatique influence également l'expérience utilisateur sur les réseaux sociaux. Ces technologies permettent une personnalisation accrue du contenu, rendant votre fil d'actualité plus pertinent pour vos intérêts. Cependant, cela soulève également des questions éthiques sur la bulle de filtres et l'écho de nos propres opinions.

La responsabilité sociale et l'activisme en ligne ont également gagné en importance. Les plateformes de réseaux sociaux sont devenues un moyen puissant pour sensibiliser et mobiliser les gens autour de causes sociales et environnementales. Utiliser ces plateformes pour soutenir des initiatives positives peut avoir un impact significatif.

Enfin, **l'équilibre entre la vie en ligne et hors ligne** est crucial. Bien que les réseaux sociaux offrent de nombreuses opportunités de connexion et d'apprentissage, il est important de maintenir un équilibre sain et de ne pas se laisser submerger par le monde numérique.

En prenant en compte ces aspects, vous pouvez utiliser les réseaux sociaux en 2024 de manière responsable et efficace, en tirant parti de leurs avantages tout en minimisant les risques. Les réseaux sociaux sont plus qu'une plateforme de partage; ils sont un reflet de notre société, un outil pour la communication et un catalyseur pour le changement.

L'INTELLIGENCE ARTIFICIELLE ET VOUS

L'impact de l'intelligence artificielle (IA) sur notre quotidien et notre environnement professionnel en 2024 est à la fois profond et omniprésent. Ce chapitre se concentre sur la compréhension de l'IA, de ses applications pratiques et de son influence dans nos vies, vous aidant à mieux naviguer dans un monde enrichi par cette technologie révolutionnaire.

L'intégration de l'IA dans la vie quotidienne est devenue une norme. Des assistants vocaux intelligents aux systèmes de recommandation sur les plateformes de streaming, l'IA facilite et enrichit nos interactions quotidiennes avec la technologie. Sa capacité à apprendre de grandes quantités de données et à fournir des réponses personnalisées a transformé notre manière de vivre, de travailler et de nous divertir.

Dans le monde professionnel, **l'IA joue un rôle clé dans la prise de décision et l'automatisation.** Elle permet aux entreprises d'analyser des ensembles de données complexes pour identifier des tendances, optimiser les opérations et augmenter l'efficacité. De la gestion des stocks à la personnalisation de l'expérience client, l'IA est devenue un outil indispensable pour rester compétitif dans un paysage économique en rapide évolution.

L'IA dans le secteur de la santé a également connu des avancées significatives. Des systèmes d'IA aident désormais dans le diagnostic précoce des maladies, la personnalisation des traitements et la gestion des soins de santé. Ces technologies ont le potentiel de révolutionner la médecine, rendant les soins de santé plus accessibles et efficaces.

Cependant, avec ces avancées viennent des **défis éthiques et des préoccupations sur la vie privée.** L'utilisation de l'IA dans la surveillance, la reconnaissance faciale, et la collecte de données personnelles soulève des questions importantes sur le respect de la vie privée et la sécurité des données. Il est essentiel de trouver un équilibre entre l'exploitation des avantages de l'IA et la protection des droits individuels.

L'éducation et la formation continue sont cruciales pour s'adapter à un monde où l'IA est omniprésente. Développer une compréhension de base de l'IA et de ses applications peut aider à mieux appréhender les changements dans divers secteurs et à saisir les opportunités professionnelles émergentes liées à cette technologie.

En fin de compte, l'intelligence artificielle en 2024 n'est pas une force lointaine et impersonnelle, mais une partie intégrante de notre vie quotidienne. En embrassant cette technologie, en comprenant ses capacités et ses limites, et en étant conscient de ses implications éthiques, nous pouvons tirer pleinement parti de ses avantages tout en naviguant avec prudence dans un monde de plus en plus intelligent.

LE CLOUD COMPUTING ET SES IMPLICATIONS

Le cloud computing, un pilier fondamental du paysage technologique de 2024, révolutionne la manière dont nous gérons les données et les services. Ce chapitre examine les implications du cloud computing et comment il influence notre vie numérique, à la fois dans les environnements professionnels et personnels.

L'accessibilité et la flexibilité sont des avantages clés du cloud computing. Les utilisateurs peuvent accéder à leurs données et applications depuis n'importe quel appareil connecté à Internet, offrant une liberté et une mobilité sans précédent.

Cette accessibilité facilite le travail à distance et la collaboration globale, des éléments devenus essentiels dans le monde de 2024.

Pour les entreprises, le cloud computing apporte une **scalabilité remarquable**. Les organisations peuvent ajuster leurs ressources informatiques en fonction de leurs besoins actuels, sans les coûts initiaux élevés associés à l'infrastructure physique. Cette flexibilité permet aux entreprises de toutes tailles de s'adapter rapidement aux changements du marché et de lancer de nouvelles initiatives avec plus d'agilité.

La cybersécurité dans le cloud est un domaine de préoccupation et d'innovation constant. Bien que les fournisseurs de cloud offrent souvent des mesures de sécurité avancées, il incombe également aux utilisateurs de comprendre et d'implémenter des pratiques de sécurité appropriées. La gestion des accès, le cryptage des données et la surveillance régulière des activités sont essentiels pour garantir la sécurité des données dans le cloud.

Le cloud computing et la protection de la vie privée sont étroitement liés. Alors que les données sont stockées et gérées par des tiers, la question de qui a le droit d'accéder et d'utiliser ces informations devient cruciale. La conformité avec les réglementations sur la confidentialité des données, comme le RGPD en Europe, est un aspect important de la gestion des données dans le cloud.

L'intégration de l'IA et de l'analytique avancée dans les solutions de cloud computing a ouvert de nouvelles possibilités. Les entreprises peuvent désormais tirer parti de l'analyse de données à grande échelle pour obtenir des insights précieux, améliorant la prise de décision et personnalisant l'expérience client.

En outre, le cloud computing joue un rôle essentiel dans le **développement durable**. En optimisant l'utilisation des ressources informatiques et en réduisant la dépendance à l'égard des centres de données physiques, le cloud contribue à une approche plus écologique de la technologie.

En conclusion, le cloud computing est bien plus qu'une simple tendance technologique; il est devenu un élément intégral de notre infrastructure numérique. En comprenant ses implications et en adoptant des pratiques de gestion et de sécurité adaptées, nous pouvons exploiter pleinement les avantages du cloud pour améliorer notre efficacité, notre productivité et notre impact environnemental.

LA BLOCKCHAIN ET LES CRYPTOMONNAIES

La blockchain et les cryptomonnaies représentent une révolution dans la manière dont nous comprenons et utilisons l'argent et la confiance numérique en 2024. Ce chapitre explore l'utilisation de la blockchain et des cryptomonnaies, leurs implications dans divers secteurs et comment elles façonnent le paysage financier et technologique actuel.

La **blockchain** est une technologie de registre distribué qui permet de stocker et de transmettre des informations de manière sécurisée, transparente et décentralisée. Son application la plus connue est dans le domaine des cryptomonnaies, comme Bitcoin ou Ethereum, mais son utilisation s'étend bien au-delà. Elle offre des solutions innovantes dans des domaines tels que la traçabilité des chaînes d'approvisionnement, les contrats intelligents dans l'immobilier et le vote électronique, apportant une transparence et une efficacité accrues.

Les **cryptomonnaies**, au-delà d'être de simples actifs spéculatifs, ont commencé à s'intégrer dans les systèmes financiers traditionnels. Elles offrent des alternatives pour les transactions monétaires, particulièrement dans les paiements transfrontaliers, en réduisant les coûts et le temps d'exécution. En 2024, les cryptomonnaies sont également utilisées dans les paiements quotidiens, avec une adoption croissante par les commerçants et les consommateurs.

L'impact de la blockchain et des cryptomonnaies sur la finance traditionnelle est profond. Les institutions financières explorent l'utilisation de la blockchain pour améliorer les services bancaires, réduire les fraudes et améliorer la sécurité des transactions. Cette technologie offre également des opportunités pour de nouveaux modèles d'affaires dans le secteur financier, comme les banques décentralisées et les plateformes de financement participatif.

Cependant, l'utilisation de la blockchain et des cryptomonnaies soulève également des **défis réglementaires et sécuritaires**. La régulation de ces technologies est en constante évolution, visant à protéger les consommateurs tout en favorisant l'innovation. La sécurité des portefeuilles numériques et des plateformes d'échange reste une préoccupation majeure, nécessitant une vigilance constante pour protéger les actifs numériques.

En matière de **durabilité**, la blockchain et les cryptomonnaies font face à des critiques concernant leur impact environnemental, notamment en raison de la consommation énergétique liée au minage de cryptomonnaies. Des initiatives sont en cours pour rendre ces technologies plus durables, notamment par l'utilisation de mécanismes de consensus plus écoénergétiques.

En conclusion, la blockchain et les cryptomonnaies sont bien plus que de simples innovations technologiques; elles représentent un changement fondamental dans la manière dont nous traitons les transactions, la confiance et la sécurité numérique. Comprendre ces technologies et leur impact potentiel est essentiel pour naviguer avec succès dans le paysage numérique de 2024, que ce soit en tant que consommateur, entrepreneur ou participant au système financier mondial.

LES NOUVELLES FORMES DE COMMUNICATIO N

À l'aube de 2024, les nouvelles formes de communication ont remodelé notre façon de nous connecter, d'interagir et de partager des informations. Ce chapitre se penche sur l'adaptation des méthodes de communication aux dernières technologies, explorant comment elles enrichissent nos interactions personnelles et professionnelles dans un monde numériquement avancé.

La messagerie instantanée et les plateformes de communication en temps réel ont supplanté les courriels comme principaux moyens de communication dans de nombreux contextes. Ces outils offrent non seulement une communication textuelle rapide, mais intègrent également des fonctionnalités multimédias, des appels vidéo, et des outils de collaboration. Cette évolution a facilité une communication plus dynamique et interactive, en particulier dans le monde professionnel où la collaboration instantanée est devenue la norme.

L'émergence de la communication par réalité augmentée (RA) et réalité virtuelle (RV) ouvre de nouveaux horizons. Ces technologies immersives permettent des expériences de communication plus profondes, allant de réunions virtuelles dans des espaces 3D à des interactions sociales dans des environnements augmentés. Elles offrent une dimension supplémentaire à la communication en ligne, en particulier pour l'éducation, la formation et le divertissement.

Les réseaux sociaux ont continué à évoluer, se transformant en plateformes polyvalentes intégrant la messagerie, le commerce électronique, et le divertissement. Ils sont devenus des outils de communication essentiels, permettant non seulement de se connecter avec des amis et de la famille, mais aussi de construire des réseaux professionnels et de s'engager avec des communautés d'intérêts communs.

La communication assistée par IA joue un rôle croissant. Des assistants virtuels intelligents aux chatbots, ces outils utilisent l'apprentissage automatique pour offrir des réponses personnalisées, gérer les requêtes des clients et même prédire les besoins de communication. Ils représentent un pas en avant vers une interaction plus intuitive et efficace avec la technologie.

Les podcasts et les webinaires se sont établis comme des moyens de communication influents, offrant des plateformes pour partager des connaissances, des idées et des histoires. Leur popularité croissante reflète une préférence pour des formats de contenu plus engageants et accessibles.

La communication sécurisée a gagné en importance face aux préoccupations croissantes en matière de confidentialité et de sécurité des données. L'utilisation de technologies de cryptage et de plateformes sécurisées est devenue une priorité, tant pour les communications personnelles que professionnelles.

En conclusion, les nouvelles formes de communication en 2024 ne sont pas seulement des outils technologiques; elles sont le reflet d'une société en constante évolution et d'un monde de plus en plus connecté. Comprendre et adopter ces nouvelles formes est essentiel pour rester connecté, engagé et pertinent dans un paysage numérique en perpétuel changement.

SÉCURITÉ DES APPAREILS MOBILES

En 2024, les appareils mobiles sont devenus des extensions indispensables de notre identité et de notre quotidien, rendant leur sécurité plus cruciale que jamais. Ce chapitre met l'accent sur la protection de vos smartphones, tablettes et autres appareils mobiles, en soulignant des stratégies efficaces pour sécuriser vos informations personnelles et professionnelles.

La première étape pour sécuriser vos appareils mobiles est la **mise en place de mesures de sécurité de base**. Cela comprend l'utilisation de mots de passe forts, la reconnaissance biométrique (comme les empreintes digitales ou la reconnaissance faciale) et le verrouillage automatique de l'écran. Ces mesures simples mais essentielles peuvent empêcher l'accès non autorisé à vos appareils.

Les mises à jour régulières du système d'exploitation et des applications sont cruciales. Ces mises à jour incluent souvent des correctifs de sécurité pour protéger contre les nouvelles vulnérabilités découvertes. Ignorer ces mises à jour laisse vos appareils susceptibles d'être compromis par des logiciels malveillants ou des attaques de cybercriminels.

L'installation d'un logiciel antivirus et anti-malware de bonne réputation est également recommandée. Ces logiciels offrent une protection supplémentaire en analysant les applications et les fichiers téléchargés pour détecter et supprimer tout logiciel malveillant potentiel.

La prudence avec les réseaux Wi-Fi publics est impérative. L'utilisation d'un réseau Wi-Fi non sécurisé peut exposer vos données à des risques. Utiliser un VPN (réseau privé virtuel) lors de la connexion à des réseaux publics peut crypter vos données et protéger votre vie privée.

La sauvegarde régulière des données est une autre pratique essentielle. En cas de perte, de vol ou de dommage de votre appareil, une sauvegarde récente de vos données peut être vitale pour récupérer vos informations importantes.

Enfin, **la sensibilisation aux menaces de phishing et aux escroqueries** est fondamentale. Évitez de cliquer sur des liens suspects ou de télécharger des pièces jointes de sources inconnues, et soyez vigilant face aux tentatives de phishing qui cherchent à dérober vos informations personnelles.

En adoptant ces mesures de sécurité, vous pouvez protéger efficacement vos appareils mobiles et les informations qu'ils contiennent. Dans un monde où les appareils mobiles sont de plus en plus intégrés à notre vie professionnelle et personnelle, leur sécurité n'est pas seulement une question de technologie, mais un élément crucial de notre sécurité globale.

CYBERATTAQUES : PRÉVENTION ET RÉPONSE

Face à la sophistication croissante des cyberattaques en 2024, comprendre comment les prévenir et y répondre est devenu essentiel pour la sécurité personnelle et professionnelle. Ce chapitre se concentre sur les stratégies de prévention des cyberattaques et les meilleures pratiques pour réagir en cas d'incident.

La prévention des cyberattaques commence par la **sensibilisation et l'éducation**. Comprendre les types de cyberattaques courants, comme le phishing, le ransomware, et les attaques par déni de service (DDoS), est crucial. Des formations régulières peuvent aider les individus et les employés des entreprises à reconnaître et à éviter les tactiques utilisées par les cybercriminels.

La mise en œuvre de mesures de sécurité robustes est une autre étape clé. Cela inclut l'utilisation de pare-feu, de logiciels antivirus et anti-malware, et la mise en place d'une authentification à plusieurs facteurs pour les comptes en ligne. Ces outils peuvent fournir des barrières importantes contre les intrusions non autorisées.

Les pratiques de sécurité des mots de passe doivent être rigoureuses. Utiliser des mots de passe complexes et uniques pour chaque compte et changer ces mots de passe régulièrement peut réduire le risque de compromission. L'utilisation de gestionnaires de mots de passe sécurisés est également conseillée pour gérer les mots de passe efficacement.

La sauvegarde régulière des données est essentielle. En cas de cyberattaque, avoir des copies de sauvegarde de vos données peut être vital pour restaurer les systèmes compromis. Les sauvegardes doivent être effectuées fréquemment et stockées dans un emplacement sécurisé, de préférence hors ligne ou dans un cloud sécurisé.

En cas de cyberattaque, **la réponse rapide et efficace** est cruciale. Cela comprend l'isolement des systèmes affectés pour prévenir la propagation de l'attaque, l'évaluation de l'étendue des dommages et la notification des autorités compétentes si nécessaire. La communication transparente et rapide avec toutes les parties prenantes est également essentielle pour gérer l'incident.

La récupération après une cyberattaque implique non seulement la restauration des systèmes et des données, mais aussi l'analyse de l'incident pour en tirer des leçons. Comprendre comment l'attaque s'est produite et quels facteurs ont contribué à sa réussite peut aider à renforcer les mesures de sécurité pour prévenir de futures intrusions.

En adoptant une approche proactive en matière de cybersécurité, en mettant en place des mesures de prévention solides et en étant prêt à réagir efficacement en cas de cyberattaque, individus et organisations peuvent naviguer plus sûrement dans le paysage numérique complexe de 2024. La prévention et la réponse aux cyberattaques ne sont pas seulement des questions de sécurité informatique; elles sont fondamentales pour protéger notre vie numérique dans son ensemble.

TRAVAILLER À L'ÈRE DU NUMÉRIQUE

L'ère numérique de 2024 a transformé le paysage de travail, introduisant de nouvelles dynamiques et nécessitant l'adaptation à des technologies et des compétences en constante évolution. Ce chapitre explore les stratégies pour une carrière réussie dans un environnement de travail numérique, en mettant l'accent sur l'adaptabilité, l'apprentissage continu et l'intégration des nouvelles technologies.

L'adaptabilité est devenue une compétence clé. Le monde du travail change rapidement, avec l'émergence de nouvelles technologies et de méthodes de travail. Être capable de s'adapter à ces changements, d'apprendre de nouvelles compétences et de rester flexible face aux nouveaux défis est essentiel pour rester pertinent dans le marché du travail.

La formation continue joue un rôle crucial dans le développement professionnel. Que ce soit à travers des cours en ligne, des ateliers, des webinaires, ou des programmes de formation en entreprise, investir dans l'apprentissage continu est indispensable pour acquérir de nouvelles compétences et rester à jour avec les dernières tendances et technologies.

L'intégration de la technologie dans le travail quotidien est inévitable. Que vous travailliez dans un bureau, à distance ou dans un environnement hybride, la maîtrise des outils numériques est essentielle. Cela inclut non seulement des compétences techniques de base, mais aussi la capacité à utiliser des outils de collaboration en ligne, des plateformes de gestion de projet, et des technologies spécifiques à votre secteur.

La gestion du temps et de la productivité dans un environnement numérique peut être un défi. Avec la facilité d'accès à l'information et les distractions constantes, développer des compétences en gestion du temps et adopter des outils de productivité peut aider à maintenir l'efficacité et l'équilibre entre vie professionnelle et vie privée.

Le travail à distance et la collaboration en ligne sont devenus des aspects standards de nombreuses carrières. S'adapter à cette forme de travail implique non seulement l'utilisation efficace de la technologie, mais aussi le développement de compétences en communication à distance et la capacité de travailler de manière autonome tout en restant connecté avec une équipe.

La cybersécurité et la protection des données sont devenues des préoccupations majeures dans le monde professionnel. Comprendre les principes de base de la cybersécurité et adopter des pratiques sécurisées pour protéger les informations sensibles de l'entreprise sont des compétences essentielles pour tous les professionnels.

En conclusion, travailler à l'ère du numérique en 2024 exige une combinaison de flexibilité, de compétences technologiques, de gestion du temps et d'apprentissage continu. En développant ces compétences et en restant ouvert aux évolutions technologiques, les professionnels peuvent non seulement survivre mais prospérer dans cet environnement de travail dynamique et en constante évolution.

L'ÉDUCATION ET L'E-LEARNING

L'éducation et l'e-learning en 2024 ont subi une transformation remarquable, exploitant les avancées technologiques pour offrir des expériences d'apprentissage plus accessibles, personnalisées et interactives. Ce chapitre aborde comment tirer le meilleur parti des opportunités d'éducation en ligne, en se concentrant sur les tendances, les outils et les méthodes qui façonnent l'enseignement et l'apprentissage dans un monde numérique.

L'accessibilité accrue à l'éducation est l'un des plus grands avantages de l'e-learning. Les plateformes en ligne ont brisé les barrières géographiques, permettant à quiconque avec une connexion Internet d'accéder à des cours de qualité provenant d'institutions du monde entier. Cette accessibilité a ouvert des voies d'apprentissage pour un large éventail de personnes, des étudiants traditionnels aux professionnels en quête de développement continu.

La personnalisation de l'apprentissage, grâce à l'intelligence artificielle et à l'analyse de données, a permis de créer des parcours éducatifs adaptés aux besoins et au rythme de chaque apprenant. Les systèmes d'IA peuvent évaluer les progrès des apprenants, recommander des ressources et ajuster les programmes d'étude pour maximiser l'efficacité de l'apprentissage.

L'apprentissage interactif et immersif gagne du terrain avec l'utilisation de la réalité virtuelle (RV) et de la réalité augmentée (RA). Ces technologies offrent des expériences d'apprentissage engageantes, permettant aux étudiants de s'immerger dans des environnements virtuels pour des simulations pratiques, des visites virtuelles et des expérimentations interactives.

Le rôle des enseignants et des formateurs dans l'environnement d'apprentissage en ligne évolue également. En plus de transmettre des connaissances, ils agissent de plus en plus comme des facilitateurs et des conseillers, guidant les apprenants à travers des parcours d'apprentissage personnalisés et soutenant leur développement personnel et professionnel.

La collaboration en ligne et l'apprentissage social sont des aspects essentiels de l'éducation numérique. Les plateformes en ligne offrent des espaces pour la discussion, le travail de groupe, et le partage de connaissances, favorisant une communauté d'apprentissage collaboratif et soutenant.

Les compétences numériques et l'alphabétisation informatique sont devenues des compétences fondamentales dans l'éducation. Comprendre et utiliser efficacement les outils numériques est essentiel non seulement pour l'apprentissage en ligne, mais aussi pour se préparer à un marché du travail de plus en plus numérisé.

En conclusion, l'éducation et l'e-learning en 2024 offrent des opportunités sans précédent pour un apprentissage personnalisé, accessible et interactif. En embrassant ces nouvelles méthodes et technologies, les apprenants de tous âges et de tous horizons peuvent acquérir des connaissances et des compétences précieuses, se préparant à réussir dans un monde en constante évolution.

LE COMMERCE ÉLECTRONIQUE ET LE CONSOMMATEUR

En 2024, le commerce électronique a évolué de manière significative, devenant une composante incontournable de l'économie mondiale et influençant profondément les habitudes de consommation. Ce chapitre explore comment naviguer dans le monde du commerce électronique en tant que consommateur et vendeur, en mettant l'accent sur les stratégies pour une expérience d'achat en ligne optimale et les tendances émergentes dans ce secteur.

L'expérience utilisateur personnalisée est au cœur du commerce électronique moderne. Grâce aux avancées en IA et en analyse de données, les plateformes de e-commerce peuvent offrir des recommandations de produits personnalisées, améliorant l'expérience d'achat et augmentant la satisfaction client. En tant que consommateur, profiter de ces recommandations personnalisées peut faciliter la découverte de produits pertinents.

La sécurité des transactions en ligne est une préoccupation majeure. Avec l'augmentation des achats en ligne, la protection des informations financières et personnelles est primordiale. Utiliser des méthodes de paiement sécurisées, vérifier la fiabilité des sites marchands et être conscient des politiques de confidentialité sont des pratiques essentielles pour sécuriser les transactions en ligne.

L'omnicanalité est devenue une stratégie standard pour les entreprises de e-commerce. Elle implique une intégration harmonieuse entre les différents canaux de vente et de communication, offrant une expérience client cohérente, que ce soit en ligne, en magasin, ou via les réseaux sociaux. En tant que consommateurs, tirer parti de ces divers canaux peut enrichir l'expérience d'achat et offrir plus de flexibilité.

Les avis et évaluations des consommateurs jouent un rôle crucial dans les décisions d'achat. Les consommateurs s'appuient de plus en plus sur les critiques et commentaires d'autres acheteurs pour évaluer la qualité des produits et la fiabilité des vendeurs. Participer activement en laissant des avis honnêtes peut aider d'autres acheteurs à faire des choix éclairés.

Les retours et le service après-vente sont des aspects importants du commerce électronique. Les entreprises qui offrent des politiques de retour flexibles et un service client réactif tendent à gagner la confiance des consommateurs. En tant que consommateur, connaître ces politiques et utiliser les canaux de service après-vente peut garantir une meilleure satisfaction et résolution des problèmes.

La durabilité dans le commerce électronique gagne en importance. Les consommateurs sont de plus en plus conscients de l'impact environnemental de leurs achats en ligne. Rechercher des entreprises qui adoptent des pratiques durables, des emballages écologiques, et des politiques de retour responsables est un moyen d'aligner les habitudes de consommation avec les valeurs environnementales.

En conclusion, le commerce électronique en 2024 offre des opportunités et des défis uniques tant pour les consommateurs que pour les vendeurs. En adoptant des pratiques de consommation éclairées, sécurisées et responsables, les acheteurs peuvent profiter pleinement des avantages de l'achat en ligne tout en contribuant à une économie numérique plus sûre et durable.

LA GESTION DE PROJET ET LES OUTILS NUMÉRIQUES

Dans le monde connecté de 2024, la gestion de projet a évolué pour intégrer pleinement les outils numériques, rendant les processus plus efficaces, transparents et collaboratifs. Ce chapitre se concentre sur l'utilisation des outils numériques pour une gestion de projet efficace, en explorant comment ils transforment la manière dont les projets sont planifiés, exécutés et surveillés.

Les logiciels de gestion de projet en ligne sont devenus incontournables. Ces plateformes offrent une vue d'ensemble des projets, facilitent la planification, le suivi des tâches, la répartition des ressources et la gestion des délais. L'utilisation de ces outils permet une coordination améliorée des équipes, qu'elles soient colocalisées ou réparties dans le monde entier.

La collaboration en temps réel grâce aux outils numériques a révolutionné la manière dont les équipes interagissent. Avec des fonctionnalités telles que le partage de documents, les tableaux de bord en temps réel et les systèmes de messagerie intégrés, les membres de l'équipe peuvent collaborer de manière plus dynamique et transparente, accélérant la prise de décision et améliorant la productivité.

L'automatisation des tâches répétitives via les outils numériques contribue à une meilleure efficacité. Des tâches comme la mise à jour des statuts, la création de rapports et la notification des échéances peuvent être automatisées, libérant du temps pour se concentrer sur des aspects plus stratégiques du projet.

L'intégration des données et des analyses joue un rôle clé dans la gestion de projet moderne. Les outils numériques permettent de recueillir et d'analyser de grandes quantités de données, offrant des insights précieux sur la performance du projet, les risques potentiels et les opportunités d'amélioration. Cette analyse aide les gestionnaires de projet à prendre des décisions basées sur des données et à ajuster les stratégies en conséquence.

La flexibilité et l'adaptabilité des outils numériques sont essentielles dans un environnement en constante évolution. Les outils de gestion de projet modernes sont conçus pour s'adapter aux changements rapides des priorités, des ressources et des objectifs, permettant aux équipes de rester agiles et réactives.

La gestion des parties prenantes est également améliorée grâce aux outils numériques. Ces outils facilitent la communication régulière avec les parties prenantes, la fourniture de mises à jour en temps opportun et l'implication active dans le processus de projet, renforçant la transparence et la confiance.

En conclusion, la gestion de projet à l'ère numérique nécessite une maîtrise des outils numériques pour maximiser l'efficacité, la collaboration et la réactivité. Ces outils transforment non seulement la manière dont les projets sont gérés, mais améliorent également la qualité des résultats et la satisfaction des parties prenantes. Adopter ces outils et techniques est essentiel pour mener à bien des projets dans un monde de plus en plus complexe et connecté.

LA SANTÉ NUMÉRIQUE ET LA TÉLÉMÉDECINE

En 2024, la santé numérique et la télémédecine ont révolutionné l'accès et la gestion des soins de santé, offrant des solutions innovantes et pratiques pour les patients et les professionnels de santé. Ce chapitre explore l'impact des technologies numériques sur la santé et le bien-être, soulignant comment elles transforment les soins de santé et offrent de nouvelles opportunités pour une gestion de santé plus efficace et personnalisée.

La télémédecine a gagné en popularité, permettant aux patients de consulter des professionnels de la santé à distance. Cette approche rend les soins de santé plus accessibles, en particulier pour les personnes vivant dans des zones éloignées ou ayant des difficultés à se déplacer. Les consultations vidéo, le suivi à distance et les prescriptions en ligne sont devenues des éléments courants des soins de santé.

Les applications de santé mobile (mHealth) jouent un rôle crucial dans la gestion quotidienne de la santé. Ces applications permettent le suivi des symptômes, la gestion des médicaments, le suivi de l'activité physique et l'alimentation, et même le soutien à la santé mentale. L'utilisation de ces outils peut aider les individus à prendre un rôle plus actif dans la gestion de leur santé.

L'intégration de l'intelligence artificielle dans le domaine de la santé offre des avantages significatifs, notamment en matière de diagnostic, de traitement personnalisé et de prévention des maladies. Les systèmes d'IA peuvent analyser de grandes quantités de données médicales pour identifier des tendances, aider au diagnostic et proposer des traitements adaptés.

Le partage de données de santé entre différents prestataires de soins et patients est facilité par des plateformes numériques sécurisées. Ces systèmes permettent une meilleure coordination des soins et une compréhension complète de l'historique médical du patient, contribuant à des décisions de traitement plus éclairées.

La cybersécurité dans le domaine de la santé numérique est d'une importance capitale. La protection des données sensibles des patients contre les cyberattaques et les violations de données est essentielle pour maintenir la confiance et la confidentialité dans le système de soins de santé.

Les technologies portables et les dispositifs de suivi ont transformé la surveillance de la santé. Ces dispositifs permettent un suivi continu de divers paramètres de santé, tels que la fréquence cardiaque, la pression artérielle et les niveaux de glucose, offrant des données précieuses pour la surveillance et la gestion des maladies chroniques.

En conclusion, la santé numérique et la télémédecine en 2024 représentent une avancée significative dans la manière dont les soins de santé sont dispensés et gérés. En tirant parti de ces technologies, patients et professionnels de la santé peuvent bénéficier d'une accessibilité accrue, d'une efficacité améliorée et d'une personnalisation des soins, tout en naviguant dans les défis liés à la sécurité et à la confidentialité des données.

LA DOMOTIQUE ET LA VIE CONNECTÉE

En 2024, la domotique et les environnements de vie connectés représentent une partie intégrante de notre quotidien, transformant nos foyers en espaces intelligents, efficaces et confortables. Ce chapitre explore comment intégrer la technologie dans votre maison pour améliorer la qualité de vie, en se concentrant sur les innovations en domotique et leurs implications pratiques.

L'automatisation des tâches ménagères grâce à la domotique offre un confort et une efficacité accrus. Des systèmes intelligents peuvent contrôler l'éclairage, la température, les appareils ménagers et même les systèmes d'arrosage, en s'adaptant aux habitudes et préférences des résidents. Cette automatisation permet non seulement de gagner du temps, mais aussi de réduire la consommation d'énergie.

La sécurité et la surveillance à domicile ont été renforcées par des solutions de domotique avancées. Les systèmes de sécurité intelligents comprennent des caméras de surveillance, des capteurs de mouvement, et des alarmes connectées qui peuvent être surveillés et contrôlés à distance via des applications mobiles. Ces technologies offrent une tranquillité d'esprit accrue, en permettant aux résidents de surveiller leur domicile même lorsqu'ils sont absents.

L'intégration de l'assistance vocale et des commandes a simplifié l'interaction avec la technologie domestique. Les assistants vocaux permettent de contrôler divers appareils et fonctions de la maison par la voix, rendant la technologie plus accessible, notamment pour les personnes âgées ou à mobilité réduite.

La gestion de l'énergie est un autre aspect important de la domotique. Les systèmes intelligents peuvent optimiser l'utilisation de l'énergie en ajustant le chauffage, la climatisation et l'éclairage selon les besoins réels, contribuant à une maison plus écologique et à la réduction des coûts énergétiques.

La santé et le bien-être sont également pris en compte dans la vie connectée. Des appareils comme les purificateurs d'air intelligents, les systèmes de surveillance de la qualité de l'air et les matelas connectés qui suivent le sommeil peuvent contribuer à un environnement de vie plus sain.

La personnalisation et l'adaptabilité des systèmes de domotique permettent aux résidents de créer des scénarios et des routines qui correspondent à leur style de vie unique. Cette flexibilité assure que la technologie de la maison s'adapte aux changements de besoins et de préférences au fil du temps.

En conclusion, la domotique et la vie connectée en 2024 offrent des possibilités fascinantes pour améliorer la qualité de vie à domicile. En intégrant intelligemment la technologie dans les espaces de vie, les résidents peuvent profiter d'un confort accru, d'une meilleure sécurité, d'une gestion énergétique efficace et d'un environnement de vie plus sain.

LES VÉHICULES AUTONOMES ET LA MOBILITÉ

L'avènement des véhicules autonomes et des nouvelles formes de mobilité a radicalement changé la façon dont nous nous déplaçons et interagissons avec notre environnement en 2024. Ce chapitre examine comment se préparer à l'ère des véhicules autonomes et s'adapter aux nouvelles formes de mobilité, en se concentrant sur les avantages, les défis et les implications de ces technologies révolutionnaires.

La sécurité des véhicules autonomes est une avancée majeure. Grâce à des capteurs avancés, à l'intelligence artificielle et à des algorithmes complexes, ces véhicules peuvent réduire significativement les accidents de la route causés par des erreurs humaines. Comprendre et faire confiance à la technologie est crucial pour adopter ces véhicules dans la vie quotidienne.

L'impact sur l'urbanisme et l'infrastructure est considérable. Les villes s'adaptent pour accueillir ces nouvelles formes de mobilité, en développant des infrastructures intelligentes et en repensant l'utilisation de l'espace urbain, avec moins de besoins en stationnement et des rues plus adaptées aux véhicules autonomes.

Les implications environnementales des véhicules autonomes sont également importantes. Beaucoup de ces véhicules sont électriques, contribuant à la réduction des émissions de gaz à effet de serre. L'adoption de véhicules autonomes pourrait aussi réduire la congestion du trafic, ce qui aurait un impact positif sur l'environnement urbain.

Le partage de véhicules et les services de mobilité se sont développés. Les services de covoiturage autonome et les flottes de véhicules partagés offrent des alternatives flexibles à la possession de voitures personnelles, réduisant ainsi les coûts de transport et l'empreinte carbone.

Les défis juridiques et éthiques associés aux véhicules autonomes ne sont pas à négliger. La législation et les normes réglementaires doivent évoluer pour encadrer la responsabilité en cas d'accidents, la protection des données et la sécurité. De plus, les questions éthiques concernant les décisions prises par l'IA en situation de conduite doivent être abordées.

La formation et l'éducation sur les véhicules autonomes sont essentielles pour les utilisateurs et les professionnels. Comprendre le fonctionnement de ces véhicules, ainsi que les compétences nécessaires pour les maintenir et les réparer, est crucial pour les intégrer efficacement dans la société.

En conclusion, les véhicules autonomes et les nouvelles formes de mobilité offrent des perspectives passionnantes pour transformer notre manière de vivre et de nous déplacer. Alors que nous nous adaptons à ces changements, il est essentiel de considérer les bénéfices, les défis et les implications pour assurer une transition harmonieuse vers une mobilité plus intelligente et durable.

LE STREAMING ET LE DIVERTISSEMENT

Le streaming et le divertissement ont connu une transformation radicale en 2024, façonnés par les avancées technologiques et l'évolution des préférences des consommateurs. Ce chapitre explore les nouvelles façons de consommer les médias et le divertissement, en se concentrant sur les tendances actuelles, l'impact de la technologie et les stratégies pour une expérience enrichie.

La diversification des plateformes de streaming a redéfini l'expérience de visionnage. Avec une multitude de services offrant des contenus variés, des films et séries originaux aux documentaires et contenus éducatifs, les consommateurs ont accès à un vaste éventail de divertissements adaptés à leurs intérêts spécifiques.

La personnalisation du contenu grâce à l'intelligence artificielle joue un rôle majeur dans l'expérience de streaming. Les algorithmes analysent les préférences et comportements de visionnage pour recommander des contenus adaptés aux goûts de chaque utilisateur, rendant la découverte de nouveaux films et séries plus intuitive et engageante.

L'expérience de visionnage immersive est amplifiée par des technologies telles que la réalité virtuelle (RV) et la réalité augmentée (RA). Ces technologies offrent des expériences de divertissement plus profondes et interactives, permettant aux utilisateurs de s'immerger complètement dans des mondes virtuels ou d'enrichir leur environnement réel avec des éléments numériques.

Les contenus interactifs et évolutifs gagnent en popularité, offrant aux spectateurs un rôle actif dans l'histoire. Des expériences telles que les films ou séries à choix multiples permettent aux utilisateurs de décider de la direction de l'intrigue, offrant une expérience de visionnage personnalisée et dynamique.

La convergence des médias sociaux et

du streaming crée de nouvelles formes de divertissement et de communauté. Les plateformes de streaming intègrent des fonctionnalités sociales, permettant aux utilisateurs de partager des expériences, de commenter en direct et de se connecter avec d'autres fans, enrichissant ainsi l'expérience de visionnage.

L'accès mobile et omniprésent au contenu de streaming est devenu la norme. Avec la disponibilité de contenus sur divers appareils, y compris les smartphones et les tablettes, les consommateurs peuvent profiter de leurs divertissements préférés où qu'ils soient, à tout moment.

En conclusion, le streaming et le divertissement en 2024 offrent une expérience riche et diversifiée, façonnée par les innovations technologiques et les préférences changeantes des consommateurs. En embrassant ces nouvelles formes de divertissement, les consommateurs peuvent profiter d'une expérience de visionnage plus personnalisée, interactive et connectée.

L'IMPRESSION 3D ET SES APPLICATIONS

L'impression 3D, en 2024, est devenue une technologie clé, influençant de nombreux secteurs et offrant des possibilités innovantes en termes de production, de conception et de personnalisation. Ce chapitre explore les possibilités offertes par l'impression 3D, en mettant l'accent sur ses applications variées, de la fabrication industrielle à l'usage personnel.

La personnalisation des produits est l'un des avantages les plus significatifs de l'impression 3D. Cette technologie permet aux consommateurs et aux entreprises de créer des produits sur mesure, adaptés aux besoins et préférences spécifiques, allant des pièces de rechange sur mesure aux objets de décoration personnalisés.

L'innovation dans le secteur de la santé est considérablement avancée grâce à l'impression 3D. La production de prothèses personnalisées, d'implants médicaux et même de tissus humains imprimés en 3D a révolutionné le domaine médical, offrant des solutions plus adaptées et efficaces pour les soins aux patients.

Dans le secteur de la construction, l'impression 3D a introduit des méthodes de construction plus rapides, moins coûteuses et plus durables. L'utilisation de matériaux imprimés en 3D pour construire des maisons et des bâtiments est une tendance croissante, réduisant les déchets de construction et permettant des designs architecturaux innovants.

L'impact sur l'industrie manufacturière est également notable. L'impression 3D permet une production plus flexible et moins coûteuse de petites séries, réduisant les délais de mise sur le marché et les coûts de stockage. Elle offre également la possibilité de produire des pièces complexes qui seraient difficiles ou impossibles à fabriquer avec des méthodes traditionnelles.

L'éducation et la formation bénéficient également

de l'impression 3D. Les écoles et les universités utilisent cette technologie pour enseigner le design, l'ingénierie et la fabrication, donnant aux étudiants une expérience pratique de la conception et de la production.

La durabilité et l'écologie sont des aspects importants de l'impression 3D moderne. L'utilisation de matériaux recyclables et la réduction des déchets de fabrication font de l'impression 3D une option plus respectueuse de l'environnement par rapport aux méthodes de fabrication traditionnelles.

En conclusion, l'impression 3D en 2024 est une technologie polyvalente avec des applications étendues dans divers domaines. De la personnalisation des produits à la fabrication avancée, en passant par les applications médicales et la construction, l'impression 3D continue de façonner le futur de la production et de la conception, offrant des possibilités illimitées pour l'innovation et la créativité.

L'ÉTHIQUE DANS UN MONDE NUMÉRIQUE

L'évolution rapide des technologies numériques en 2024 soulève des questions éthiques importantes qui impactent la société dans son ensemble. Ce chapitre aborde les divers enjeux éthiques liés aux avancées technologiques, en mettant l'accent sur la protection de la vie privée, l'équité, la responsabilité et la gouvernance dans un monde numérique de plus en plus complexe.

La protection de la vie privée est une préoccupation éthique majeure dans le monde numérique. Avec la quantité croissante de données personnelles collectées, stockées et analysées, il est crucial de maintenir un équilibre entre les avantages de ces technologies et le respect de la vie privée des individus. Les organisations doivent adopter des politiques transparentes et éthiques en matière de données et assurer que les droits à la vie privée sont respectés.

L'équité et la non-discrimination dans l'utilisation de l'intelligence artificielle et des algorithmes sont des questions essentielles. Il est important de s'assurer que ces technologies ne perpétuent pas les préjugés ou les inégalités existants, mais qu'elles soient utilisées pour promouvoir l'inclusion et la diversité.

La responsabilité et la transparence dans le développement et l'application des technologies numériques sont cruciales. Les développeurs et les entreprises doivent être responsables des conséquences de leurs innovations, en s'assurant que les technologies sont sûres, fiables et bénéfiques pour la société.

Les questions de gouvernance et de réglementation sont de plus en plus pertinentes face aux défis éthiques du numérique. Les gouvernements et les organisations internationales jouent un rôle clé dans la mise en place de cadres réglementaires qui garantissent que les technologies sont utilisées de manière éthique et responsable.

Les implications éthiques de la surveillance et du contrôle par les technologies numériques doivent être soigneusement évaluées. Bien que la surveillance puisse servir des objectifs légitimes, tels que la sécurité publique, il est essentiel de prévenir les abus et les violations des droits fondamentaux.

L'éducation et la sensibilisation sur les questions éthiques sont essentielles. Il est important d'éduquer les citoyens, les développeurs et les décideurs sur les implications éthiques des technologies numériques, afin qu'ils puissent prendre des décisions informées et éthiques.

En conclusion, naviguer dans l'éthique du monde numérique en 2024 exige une réflexion approfondie et une action collaborative. En abordant activement les enjeux éthiques, nous pouvons travailler ensemble pour garantir que les technologies numériques sont utilisées de manière à respecter les valeurs humaines fondamentales et à promouvoir le bien-être collectif.

LA GESTION DE L'IDENTITÉ NUMÉRIQUE

La gestion de l'identité numérique en 2024 est un aspect crucial de notre vie en ligne, impactant la façon dont nous interagissons, nous protégeons et nous présentons dans le monde numérique. Ce chapitre explore les stratégies pour construire et maintenir une identité numérique positive, en mettant l'accent sur la sécurité, la réputation en ligne et la gestion de l'empreinte numérique.

La création et la gestion d'une identité numérique forte est essentielle dans un monde connecté. Cela implique de soigner sa présence en ligne, de choisir judicieusement les informations à partager et de créer un profil qui reflète fidèlement sa personnalité et ses compétences, surtout sur les plateformes professionnelles.

La sécurité des informations personnelles est une composante fondamentale de la gestion de l'identité numérique. Utiliser des mots de passe forts, activer l'authentification à deux facteurs et être conscient des permissions accordées aux applications et aux services en ligne sont des pratiques essentielles pour protéger son identité numérique.

La réputation en ligne est devenue un aspect significatif de l'identité numérique. Surveiller et gérer sa réputation en ligne, en répondant de manière appropriée aux commentaires, en partageant du contenu positif et en engageant avec sa communauté de manière constructive, est crucial pour maintenir une image positive en ligne.

La vie privée et le contrôle des données personnelles sont des enjeux majeurs. Comprendre les paramètres de confidentialité des différentes plateformes, limiter le partage d'informations sensibles et être conscient de son empreinte numérique sont des étapes importantes pour garder le contrôle de son identité numérique.

L'éducation à la citoyenneté numérique joue un rôle important dans la gestion de l'identité numérique. Apprendre à naviguer dans le monde numérique de manière responsable, éthique et respectueuse est essentiel, surtout pour les jeunes utilisateurs qui construisent leur identité numérique.

La gestion de l'identité numérique en cas de crise est également cruciale. En cas de compromission de l'identité numérique, il est important de savoir comment réagir rapidement, par exemple en modifiant les mots de passe, en contactant les fournisseurs de services et en prenant des mesures pour restaurer et protéger sa réputation en ligne.

En conclusion, une gestion efficace de l'identité numérique en 2024 nécessite une approche proactive et consciente. En combinant des pratiques de sécurité solides avec une gestion réfléchie de la réputation en ligne, les individus peuvent protéger et renforcer leur présence dans le monde numérique, tout en tirant le meilleur parti des opportunités qu'il offre.

LES ENJEUX JURIDIQUES DU NUMÉRIQUE

En 2024, l'évolution rapide du paysage numérique a entraîné des défis juridiques complexes, nécessitant une compréhension approfondie des implications légales de l'utilisation des technologies. Ce chapitre aborde les différents enjeux juridiques liés au monde numérique, y compris les droits d'auteur, la protection des données, la réglementation des technologies émergentes, et les litiges numériques.

La propriété intellectuelle et les droits d'auteur dans l'environnement numérique sont des sujets de préoccupation majeure. Avec l'accès facile à une immense quantité de contenu numérique, il est crucial de comprendre les lois régissant les droits d'auteur pour éviter les infractions et protéger la propriété intellectuelle.

La protection des données personnelles est un autre enjeu juridique clé. Les lois sur la protection des données, comme le RGPD en Europe, imposent des exigences strictes en matière de collecte, de traitement et de stockage des données personnelles. Les entreprises doivent se conformer à ces réglementations pour protéger la vie privée des utilisateurs et éviter de lourdes sanctions.

La réglementation des technologies émergentes, telles que l'intelligence artificielle, la blockchain et les cryptomonnaies, pose des défis juridiques uniques. Les législateurs et les régulateurs doivent équilibrer l'innovation technologique avec la protection des consommateurs et la stabilité du marché.

Les litiges numériques sont devenus plus fréquents avec l'accroissement des activités en ligne. Les conflits liés à la cybersécurité, aux contrats numériques, à la diffamation en ligne et à d'autres questions juridiques nécessitent des compétences spécialisées pour une résolution efficace.

La juridiction et l'application des lois dans le monde numérique sont complexes.

Avec l'interconnectivité mondiale, déterminer la juridiction appropriée pour les litiges numériques peut être difficile. Les lois doivent s'adapter pour répondre aux défis posés par l'environnement numérique mondialisé.

La responsabilité des plateformes en ligne est un sujet de débat juridique. Les plateformes telles que les réseaux sociaux et les sites de partage de contenu sont souvent au centre des discussions sur la réglementation de la parole en ligne, la désinformation et la protection des utilisateurs.

En conclusion, les enjeux juridiques du numérique en 2024 exigent une vigilance constante et une adaptation des lois pour répondre aux défis posés par les avancées technologiques. La compréhension de ces enjeux est essentielle pour les individus, les entreprises et les gouvernements afin de naviguer efficacement dans le monde numérique tout en respectant les cadres juridiques existants.

LE RÉSEAU 5G ET SES UTILISATIONS

En 2024, le réseau 5G a transformé de nombreux aspects de notre vie quotidienne et professionnelle, offrant des vitesses de connexion plus rapides et une fiabilité accrue. Ce chapitre explore comment exploiter le potentiel du réseau 5G, en mettant l'accent sur ses applications dans divers domaines, de la communication mobile à l'Internet des Objets (IoT), en passant par les innovations dans les secteurs de la santé, de l'éducation et de l'industrie.

L'amélioration de la connectivité mobile est l'une des contributions les plus significatives de la 5G. Avec des vitesses de téléchargement et de chargement nettement supérieures, le réseau 5G permet une communication plus fluide, des téléchargements rapides et une meilleure qualité de streaming, améliorant ainsi l'expérience utilisateur sur les appareils mobiles.

L'Internet des Objets (IoT) bénéficie grandement de la 5G. La capacité du réseau 5G à supporter un grand nombre de dispositifs connectés simultanément est un atout majeur pour l'IoT. Cela permet une intégration plus étendue de la technologie dans la vie quotidienne, depuis les appareils domestiques intelligents jusqu'aux systèmes de surveillance urbaine.

Dans le domaine de la santé, la 5G a un impact profond. Elle facilite la télémédecine, permettant des consultations à distance plus efficaces et la transmission rapide de grands fichiers d'imagerie médicale. La 5G ouvre également la voie à des innovations telles que les chirurgies à distance et la surveillance en temps réel des patients.

Le secteur de l'éducation profite également de la 5G. Avec des connexions plus rapides et plus fiables, l'apprentissage en ligne devient plus interactif et engageant. La 5G permet des expériences d'apprentissage immersives, telles que la réalité augmentée (RA) et la réalité virtuelle (RV), offrant aux étudiants des expériences éducatives enrichies.

Dans l'industrie, la 5G révolutionne les processus de fabrication et la logistique. Elle permet une automatisation plus poussée, une meilleure coordination des chaînes d'approvisionnement et une efficacité accrue grâce à la connectivité améliorée des machines et des systèmes de surveillance.

Les défis de la sécurité et de la confidentialité dans le contexte de la 5G sont cruciaux. Avec l'augmentation du volume de données transmises, il est essentiel de mettre en place des mesures de sécurité robustes pour protéger contre les cyberattaques et les violations de données.

En conclusion, le réseau 5G en 2024 joue un rôle essentiel dans le façonnement d'un avenir numérique plus connecté et efficace. Ses applications dans divers secteurs offrent des possibilités d'innovation et d'amélioration significatives, tout en soulignant l'importance de s'attaquer aux défis de sécurité et de confidentialité associés.

LES COMPÉTENCES NUMÉRIQUES POUR TOUS

Dans le monde connecté de 2024, développer des compétences numériques essentielles est crucial pour tous les âges et tous les milieux. Ce chapitre se concentre sur l'importance de l'acquisition de compétences numériques, couvrant l'éducation de base en informatique, la sécurité en ligne, la gestion des données, et plus encore, pour une participation efficace et sécurisée dans un environnement numérique en constante évolution.

La littératie numérique de base est la pierre angulaire de cet apprentissage. Cela implique la compréhension des principes fondamentaux de l'utilisation des ordinateurs, des smartphones et d'autres technologies numériques. Cela comprend également une familiarisation avec les logiciels de bureautique, la navigation sur Internet, et l'utilisation des médias sociaux.

La cybersécurité et la sécurité en ligne sont des compétences essentielles. Apprendre à créer et à gérer des mots de passe forts, à reconnaître et éviter les escroqueries en ligne, à protéger les données personnelles et à utiliser Internet de manière sûre et responsable est crucial pour les utilisateurs de tous âges.

La gestion des données est une compétence de plus en plus importante, notamment en ce qui concerne la collecte, l'analyse et l'interprétation des données. Cela peut être particulièrement pertinent pour les professionnels qui cherchent à utiliser les données pour prendre des décisions éclairées dans leur travail.

La compréhension de l'IA et de l'apprentissage automatique est devenue une compétence essentielle, pas seulement pour les techniciens, mais pour tous ceux qui interagissent avec ces technologies dans leur vie quotidienne ou professionnelle. Une compréhension de base de la manière dont fonctionnent ces technologies peut aider à démystifier leurs applications et à encourager une utilisation plus efficace.

La créativité numérique et la résolution de problèmes sont des compétences clés. Cela implique l'utilisation de technologies numériques pour la création de contenu, le design, la programmation et la résolution de problèmes complexes dans des environnements numériques.

L'éducation en ligne et l'e-learning sont des domaines en rapide évolution qui nécessitent des compétences numériques spécialisées. Comprendre comment naviguer et tirer le meilleur parti des plateformes d'éducation en ligne est essentiel pour les étudiants et les professionnels en formation continue.

La communication numérique efficace est une compétence vitale dans un monde où la communication se fait de plus en plus par voie électronique. Cela inclut l'utilisation efficace des emails, des outils de communication en ligne et des plateformes de collaboration.

En conclusion, le développement de compétences numériques pour tous est un enjeu essentiel en 2024, permettant aux individus de naviguer avec assurance dans le monde numérique, de s'adapter aux changements technologiques, et de participer pleinement à la société numérique de manière productive et sécurisée.

LA RÉALITÉ AUGMENTÉE ET VIRTUELLE

En 2024, la réalité augmentée (RA) et la réalité virtuelle (RV) ont révolutionné de nombreux domaines de notre vie, offrant des expériences immersives et interactives inédites. Ce chapitre explore comment la RA et la RV sont utilisées dans divers domaines tels que l'éducation, le divertissement, la formation professionnelle, la conception et la médecine, illustrant ainsi leur impact transformateur sur notre quotidien.

Dans l'éducation, la RA et la RV offrent des méthodes d'apprentissage immersives et interactives. Les étudiants peuvent explorer des environnements historiques, biologiques ou cosmiques virtuels, rendant l'apprentissage plus engageant et efficace. Ces technologies permettent également des simulations pratiques pour des sujets complexes comme la physique ou la chimie.

Le divertissement a été profondément transformé par la RA et la RV. Les jeux vidéo, les expériences cinématographiques et les concerts virtuels offrent des niveaux d'immersion sans précédent, permettant aux utilisateurs de s'immerger complètement dans des mondes virtuels ou d'ajouter des éléments numériques à leur environnement réel.

Dans le domaine professionnel, la formation et le développement des compétences bénéficient grandement de la RA et de la RV. Ces technologies permettent des simulations de scénarios de travail réalistes, offrant aux employés la possibilité de s'entraîner dans des environnements virtuels sûrs et contrôlés, parfaits pour les industries à haut risque comme la construction ou la chirurgie.

En conception et en architecture, la RA et la RV permettent de visualiser des projets avant leur réalisation. Les architectes et les designers peuvent créer et expérimenter avec des modèles 3D interactifs, permettant aux clients de visualiser et de modifier des projets en temps réel.

Dans le secteur médical, la RV et la RA sont utilisées pour la formation des chirurgiens, la planification des opérations et même pendant les procédures chirurgicales. Elles permettent une visualisation détaillée de l'anatomie humaine et aident à simuler des procédures complexes, réduisant ainsi les risques et améliorant les résultats.

Le développement de ces technologies soulève également des questions éthiques et des défis, notamment en matière de santé mentale, de vie privée et de sécurité des données. Il est crucial de naviguer dans ces préoccupations tout en exploitant les avantages de la RA et de la RV.

En conclusion, la réalité augmentée et la réalité virtuelle, en 2024, sont bien plus que de simples outils technologiques; elles sont devenues des facilitateurs clés dans divers secteurs, enrichissant l'expérience humaine et ouvrant la voie à de nouvelles possibilités dans l'éducation, le travail, la médecine et au-delà.

LE DÉVELOPPEMEN T DURABLE ET LA TECHNOLOGIE

Le développement durable, dans le contexte de la technologie de 2024, représente un équilibre crucial entre la progression technologique et la préservation de notre environnement. Ce chapitre explore comment les avancées technologiques peuvent être harmonisées avec les objectifs de développement durable, en mettant l'accent sur l'innovation responsable, l'efficacité énergétique, et la réduction de l'empreinte écologique.

L'innovation responsable est au cœur de la fusion entre technologie et développement durable. Cela implique la création de technologies qui non seulement améliorent la vie humaine, mais le font d'une manière qui est respectueuse de l'environnement. Cela inclut la conception de produits plus durables, l'utilisation de matériaux recyclables ou biodégradables, et la minimisation des déchets électroniques.

L'efficacité énergétique est un autre domaine crucial. Les nouvelles technologies, telles que les bâtiments intelligents, les véhicules électriques, et les appareils à faible consommation d'énergie, jouent un rôle majeur dans la réduction de la consommation d'énergie et des émissions de gaz à effet de serre. Les innovations en matière de stockage de l'énergie, comme les batteries avancées, contribuent également à une utilisation plus efficace des énergies renouvelables.

La réduction de l'empreinte écologique grâce à la technologie est un objectif ambitieux mais nécessaire. Cela comprend l'utilisation de technologies pour surveiller et réduire la pollution, la gestion intelligente des ressources naturelles, et le soutien à une agriculture plus durable grâce à des innovations telles que les drones et les systèmes d'irrigation intelligents.

L'intégration de la technologie dans les villes intelligentes représente une opportunité majeure pour le développement durable. En utilisant des technologies avancées pour gérer les services urbains, les villes peuvent devenir plus efficaces, réduire leur consommation d'énergie et améliorer la qualité de vie de leurs habitants.

La collaboration entre les secteurs public et privé est essentielle pour promouvoir le développement durable à travers la technologie. Les politiques gouvernementales, les incitations à l'innovation verte, et les partenariats entre les entreprises et les organisations environnementales sont cruciaux pour faire progresser cet objectif.

En conclusion, le développement durable et la technologie en 2024 ne sont pas des concepts opposés, mais plutôt des partenaires complémentaires dans la quête d'un avenir meilleur. En intégrant des principes de développement durable dans les avancées technologiques, nous pouvons créer un monde où la technologie soutient non seulement notre mode de vie, mais aussi la santé et la durabilité de notre planète.

L'ENTREPRENEU RIAT DANS UN MONDE CONNECTÉ

L'entrepreneuriat dans le contexte de 2024 est un mélange dynamique de créativité, d'innovation technologique et d'adaptabilité. Ce chapitre met en lumière les stratégies et les outils essentiels pour les entrepreneurs aspirant à réussir dans un environnement numérique en constante évolution.

La création d'entreprises dans l'ère numérique nécessite une compréhension approfondie des dernières technologies et tendances du marché. Les entrepreneurs doivent être agiles, capables d'adopter rapidement de nouvelles technologies et de s'adapter aux changements du marché. Cela inclut la compréhension du cloud computing, de l'IA, de la blockchain, et plus encore, pour rester compétitif.

L'importance de la présence en ligne et du marketing digital est incontestable. Pour toucher un public large et diversifié, les entrepreneurs doivent maîtriser les techniques de marketing numérique telles que le SEO, le marketing de contenu, et les médias sociaux. Une présence en ligne forte et stratégique est essentielle pour construire une marque et engager les clients.

L'utilisation des données pour guider les décisions d'affaires est un avantage majeur de la technologie moderne. Les entrepreneurs doivent utiliser l'analyse de données pour comprendre les besoins du marché, le comportement des consommateurs, et pour optimiser les opérations commerciales. L'analytique avancée offre une opportunité de devancer la concurrence en prenant des décisions éclairées.

Les partenariats et collaborations jouent un rôle crucial dans le succès des entreprises modernes. L'interconnexion numérique facilite la collaboration avec des partenaires, des fournisseurs, et des clients à travers le monde, permettant ainsi l'innovation et l'expansion.

La cybersécurité est une préoccupation majeure pour les entrepreneurs numériques. Protéger les informations de l'entreprise et des clients contre les cyberattaques est essentiel. Les entrepreneurs doivent investir dans des solutions de sécurité robustes et se tenir informés des meilleures pratiques en matière de cybersécurité.

L'éthique et la responsabilité sociale sont de plus en plus importantes pour les consommateurs. Les entrepreneurs doivent donc intégrer des pratiques éthiques dans leurs modèles d'affaires, en se concentrant sur la durabilité, l'équité et la responsabilité sociale.

En conclusion, l'entrepreneuriat dans un monde connecté de 2024 exige une combinaison d'innovation technologique, de stratégies de marketing numérique astucieuses, d'une forte présence en ligne, d'une utilisation judicieuse des données, et d'une approche éthique et responsable des affaires. Les entrepreneurs qui embrassent ces éléments seront bien placés pour prospérer dans l'environnement numérique dynamique et en constante évolution.

LA SÉCURITÉ DES ENFANTS EN LIGNE

La protection des enfants dans le monde numérique de 2024 est une priorité absolue pour les parents, les éducateurs et la société en général. Ce chapitre explore les stratégies clés et les meilleures pratiques pour assurer la sécurité des enfants en ligne dans un environnement numérique en constante évolution.

La compréhension des dangers potentiels en ligne est le premier pas vers la protection des enfants. Les menaces telles que le cyberharcèlement, l'exposition à des contenus inappropriés, et l'exploitation en ligne sont des réalités auxquelles les enfants peuvent être confrontés. Il est vital de sensibiliser et d'éduquer les enfants sur ces dangers de manière appropriée à leur âge.

La surveillance et le contrôle parental jouent un rôle crucial dans la protection des enfants en ligne. Utiliser des outils de contrôle parental pour filtrer le contenu, surveiller les activités en ligne, et limiter le temps passé sur les appareils est essentiel. Cependant, cela doit être équilibré avec le respect de la vie privée de l'enfant et la promotion de son autonomie.

L'éducation numérique est fondamentale. Les enfants doivent être équipés des compétences nécessaires pour naviguer en toute sécurité sur internet. Cela comprend la compréhension de la confidentialité en ligne, la reconnaissance des menaces potentielles, et la capacité de prendre des décisions éclairées en ligne.

Le rôle des écoles et des éducateurs est également primordial. Les programmes scolaires doivent intégrer l'éducation numérique, enseignant aux enfants comment utiliser internet de manière responsable. Les écoles peuvent également fournir des ressources et des ateliers pour les parents afin de les aider à protéger leurs enfants en ligne.

La collaboration entre parents, écoles et communautés est essentielle pour créer un environnement en ligne sûr pour les enfants. Cela inclut le partage de ressources, la mise en place de lignes directrices communes, et le soutien des enfants dans leur exploration du monde numérique.

Le rôle des gouvernements et des organisations dans la mise en place de réglementations et de politiques pour protéger les enfants en ligne est également crucial. Des lois et des mesures doivent être mises en place pour combattre les abus en ligne et pour assurer que les plateformes numériques prennent des mesures pour protéger les jeunes utilisateurs.

En résumé, la sécurité des enfants en ligne en 2024 nécessite une approche holistique qui combine éducation, technologie, collaboration communautaire, et soutien législatif. En travaillant ensemble, nous pouvons créer un environnement numérique où les enfants peuvent explorer, apprendre, et grandir en toute sécurité.

LES TENDANCES FUTURES EN TECHNOLOGIE

L'avenir de la technologie en 2024 promet d'être à la fois innovant et révolutionnaire. Ce chapitre explore les tendances futures en technologie qui façonnent notre monde et influencent notre vie quotidienne.

L'évolution de l'intelligence artificielle (IA) continue de transformer divers secteurs, allant de l'industrie manufacturière à la santé. L'IA devient plus sophistiquée, capable de réaliser des tâches complexes avec une précision accrue. Elle ouvre des voies pour des innovations révolutionnaires en matière de diagnostic médical, d'automatisation des processus industriels, et de développement de véhicules autonomes.

La robotique et l'automatisation progressent également à grands pas. Les robots deviennent plus autonomes, capables d'interagir de manière plus naturelle avec les humains et d'effectuer des tâches dans des environnements jusqu'alors inaccessibles. Ceci a des implications majeures pour l'industrie, la logistique, et même le secteur des services.

La technologie des véhicules autonomes évolue rapidement, promettant de transformer notre façon de voyager. Ces véhicules, de plus en plus sûrs et efficaces, pourraient réduire considérablement les accidents de la route et changer la structure de nos villes.

Les avancées en biotechnologie ouvrent de nouvelles possibilités dans le domaine de la santé. La personnalisation des traitements médicaux grâce à la génétique et la biologie moléculaire offre un avenir où chaque traitement est adapté aux besoins individuels du patient.

Les réseaux de communication, en particulier le déploiement du réseau 5G, continuent de se développer, offrant des vitesses de connexion plus rapides et une meilleure fiabilité. Cette amélioration a des répercussions sur l'IoT (Internet des Objets), la réalité augmentée et virtuelle, et bien d'autres domaines.

L'adoption croissante des énergies renouvelables et des technologies durables est une tendance importante pour l'avenir. Les innovations dans les batteries, l'énergie solaire, et d'autres formes d'énergies renouvelables sont cruciales pour lutter contre le changement climatique et promouvoir un développement durable.

Les défis en matière de cybersécurité restent un sujet de préoccupation majeur, avec l'augmentation des menaces numériques. Les innovations en matière de sécurité, y compris l'utilisation de l'IA pour détecter et prévenir les attaques, sont essentielles pour protéger nos données et nos infrastructures.

En conclusion, les tendances futures en technologie représentent un mélange passionnant d'innovation et de défis. Elles offrent des opportunités incroyables pour améliorer notre vie, tout en posant des questions importantes sur l'éthique, la sécurité, et l'impact sur la société.

LE POUVOIR DES COMMUNAUTÉS EN LIGNE

Le pouvoir des communautés en ligne est une force incontestable dans le paysage numérique de 2024. Ces communautés, variées et dynamiques, jouent un rôle crucial dans l'éducation, le soutien, et l'innovation.

Les plateformes d'apprentissage en ligne ont révolutionné l'éducation, permettant à des personnes du monde entier d'accéder à des connaissances et des compétences précieuses. Des cours en ligne aux ateliers interactifs, ces communautés offrent un apprentissage personnalisé et flexible.

Les forums et groupes de discussion rassemblent

des individus partageant les mêmes idées, facilitant le partage d'expériences et de connaissances. Ils sont devenus des lieux d'échange d'informations précieuses et de soutien mutuel, offrant une plateforme pour la collaboration et la créativité.

Les réseaux sociaux professionnels jouent un rôle crucial dans la mise en réseau et le développement de carrière. Ils permettent aux professionnels de se connecter, de partager des opportunités, et de collaborer sur des projets, transcendant les frontières géographiques.

Les communautés de jeux en ligne ne sont pas seulement des espaces de divertissement, mais aussi des plateformes pour développer des compétences en résolution de problèmes, en leadership, et en travail d'équipe. Ces environnements virtuels favorisent aussi l'inclusion sociale et le développement de relations.

Les initiatives collaboratives en ligne comme les hackathons virtuels, les ateliers de co-création, et les plateformes de crowdsourcing stimulent l'innovation et le développement de solutions à des problèmes complexes.

Les mouvements sociaux en ligne ont un impact

significatif sur la société, en sensibilisant et en mobilisant les individus autour de causes importantes. La capacité des communautés en ligne à organiser et à agir est un puissant moteur de changement social.

Les groupes de soutien en ligne offrent un espace sécurisé pour partager des expériences personnelles et obtenir du soutien. Ils jouent un rôle crucial dans le bien-être mental et émotionnel de nombreuses personnes, en particulier dans des situations isolantes ou difficiles.

En conclusion, les communautés en ligne sont devenues une part essentielle de notre vie numérique. Elles offrent des espaces pour l'apprentissage, le soutien, la collaboration, et l'activisme, renforçant le tissu social de notre société connectée.

LA GESTION DU TEMPS À L'ÈRE NUMÉRIQUE

Dans un monde de plus en plus connecté, la gestion du temps est devenue un art essentiel. L'année 2024 nous montre que l'équilibre entre vie professionnelle, personnelle et numérique est plus crucial que jamais.

La planification et la priorisation sont des compétences fondamentales. Utiliser des outils numériques pour organiser les tâches et fixer des objectifs clairs est une approche efficace. Des applications de gestion du temps aux calendriers en ligne, ces outils aident à rester sur la bonne voie.

La déconnexion consciente est vitale. Il est important de prendre régulièrement des pauses des écrans et des médias numériques. Cela contribue à réduire le stress et à améliorer la concentration.

La flexibilité dans le travail et l'apprentissage est une tendance montante. Les horaires de travail flexibles et les options d'apprentissage en ligne permettent de mieux équilibrer les responsabilités professionnelles et personnelles.

L'automatisation et la délégation de tâches répétitives libèrent du temps pour des activités plus enrichissantes. Les technologies telles que l'IA et les assistants virtuels peuvent gérer des tâches administratives, permettant de se concentrer sur des projets plus complexes et créatifs.

La conscience de l'utilisation du temps est renforcée par des applications et des outils qui suivent le temps passé en ligne ou sur des tâches spécifiques. Cela permet de prendre conscience des habitudes et de faire des ajustements pour une utilisation plus efficace du temps.

L'équilibre travail-vie personnelle est primordial. Il est important de fixer des limites claires entre le travail et la vie personnelle, surtout lorsque le travail à domicile est devenu courant.

Le temps pour la santé et le bien-être ne doit pas être négligé. Activités physiques, méditation, et hobbies contribuent à un équilibre sain et à une meilleure productivité.

En résumé, la gestion du temps à l'ère numérique requiert une approche holistique, combinant des stratégies efficaces de planification avec une attention consciente à l'équilibre global de la vie.

LE BIEN-ÊTRE À L'ÈRE DE LA TECHNOLOGIE

Le bien-être mental et physique est un aspect fondamental de notre vie, d'autant plus dans un monde hyperconnecté comme celui de 2024. La technologie, tout en offrant d'innombrables avantages, peut aussi avoir un impact sur notre bien-être si elle n'est pas utilisée avec discernement.

Intégrer des pratiques de pleine conscience dans la routine quotidienne est essentiel pour contrebalancer les effets potentiellement envahissants de la technologie. La méditation, le yoga, et d'autres formes d'exercices mentaux aident à rester ancré et à réduire le stress.

L'activité physique régulière est cruciale. Les

applications de fitness et les dispositifs portables de suivi de l'activité encouragent un mode de vie sain, offrant des rappels et des motivations pour bouger plus.

Une alimentation équilibrée et une bonne hygiène de sommeil sont également importantes. Des applications de suivi de l'alimentation et des appareils analysant les cycles de sommeil peuvent aider à optimiser ces aspects de la vie quotidienne.

La détox digitale est une pratique bénéfique. Périodiquement, il est recommandé de se déconnecter des appareils numériques pour réduire la fatigue oculaire, améliorer la qualité du sommeil et renforcer les relations personnelles.

L'usage de la technologie pour le bien-être mental est un domaine en pleine expansion. Des applications de méditation aux thérapies en ligne, la technologie offre des moyens accessibles de soutien mental et émotionnel.

L'équilibre travail-vie personnelle dans un environnement numérique nécessite une gestion attentive. Fixer des limites claires entre le temps de travail et le temps personnel aide à prévenir l'épuisement professionnel.

La connexion avec la nature est un contrepoint vital à la vie numérique. Passer du temps à l'extérieur, pratiquer la jardinage ou simplement se promener dans un parc, peut réduire considérablement le stress et améliorer l'humeur.

En conclusion, le bien-être à l'ère de la technologie exige une approche équilibrée, où la technologie est utilisée comme un outil pour améliorer la qualité de vie, tout en maintenant des activités et des pratiques qui nous connectent à notre essence humaine et à l'environnement naturel.

LA COLLABORATION ET LE TRAVAIL D'ÉQUIPE EN LIGNE

La collaboration et le travail d'équipe en ligne sont devenus des composantes essentielles de nombreux environnements professionnels en 2024. La technologie a ouvert de nouvelles voies pour la coopération, transcendant les barrières géographiques et temporelles.

L'utilisation d'outils de collaboration en ligne tels que les plateformes de gestion de projet, les systèmes de partage de documents et les applications de communication vidéo, a révolutionné la manière dont les équipes interagissent et travaillent ensemble. Ces outils permettent une collaboration en temps réel, une communication fluide et une gestion efficace des tâches et des ressources.

La culture de l'ouverture et de la transparence est cruciale pour le succès du travail d'équipe en ligne. Encourager le partage d'idées, la rétroaction constructive et une communication honnête contribue à renforcer la confiance et la cohésion au sein des équipes.

La diversité et l'inclusion dans les équipes en ligne apportent une richesse de perspectives et d'expériences. Cela stimule l'innovation et la créativité, permettant de trouver des solutions plus efficaces et créatives aux problèmes.

Les défis du travail à distance, tels que l'isolement et la difficulté à établir des limites entre vie professionnelle et personnelle, doivent être abordés. Des stratégies comme des réunions régulières, des activités de team building en ligne, et la reconnaissance des réalisations individuelles et collectives, peuvent aider à maintenir un moral élevé et un sentiment d'appartenance.

Les compétences en leadership virtuel sont devenues essentielles. Les leaders doivent être capables de motiver et de gérer efficacement des équipes dispersées géographiquement, en utilisant la technologie pour maintenir l'engagement et la productivité.

L'apprentissage et le développement continus sont facilités par la technologie, permettant aux membres de l'équipe de se former et de se perfectionner en ligne. Ceci est crucial pour rester compétitif dans un environnement de travail en constante évolution.

En somme, la collaboration et le travail d'équipe en ligne exigent une combinaison de technologies adaptées, de compétences en communication et de leadership, ainsi qu'une culture d'entreprise soutenant l'ouverture et l'inclusion. Ces éléments sont essentiels pour tirer pleinement parti des avantages du travail en équipe dans un monde numérique.

LE MARKETING DIGITAL ET LA PUBLICITÉ

Le marketing digital et la publicité en 2024 représentent des piliers fondamentaux de la stratégie commerciale dans un monde de plus en plus numérisé. L'évolution rapide des technologies a conduit à des changements significatifs dans la manière dont les entreprises atteignent et engagent leurs clients.

L'importance de l'analyse des données est devenue cruciale dans le marketing digital. La collecte et l'interprétation des données permettent aux entreprises de comprendre les préférences et le comportement de leurs clients, aboutissant à des campagnes publicitaires plus ciblées et personnalisées.

Le marketing sur les réseaux sociaux continue de jouer un rôle central. Les plateformes sociales évoluent constamment, offrant de nouvelles fonctionnalités et opportunités pour une interaction créative et engageante avec les audiences.

La publicité programmatique, qui utilise l'intelligence artificielle pour automatiser l'achat d'espaces publicitaires et cibler plus précisément les audiences, a transformé la manière dont les campagnes publicitaires sont planifiées et exécutées.

L'engagement par le contenu est devenu une stratégie essentielle. Produire un contenu de qualité, utile et divertissant permet de bâtir une relation durable avec les clients. Le storytelling, les vidéos interactives et les webinaires sont des exemples de contenu engageant.

Le marketing d'influence a évolué, devenant plus transparent et axé sur la valeur. Les influenceurs sont désormais considérés comme des partenaires stratégiques, capables d'augmenter la crédibilité et la portée d'une marque.

Les défis de la publicité en ligne, tels que la saturation des publicités et le blocage des annonces, exigent des stratégies innovantes et respectueuses pour capter l'attention du public.

L'éthique dans la publicité numérique est de plus en plus soulignée. Les entreprises doivent veiller à la protection des données personnelles et s'assurer que leurs campagnes sont honnêtes, transparentes et non intrusives.

En résumé, le marketing digital et la publicité en 2024 nécessitent une combinaison de technologie avancée, de créativité, d'analyse de données et d'éthique. S'adapter aux nouvelles tendances et rester à jour avec les dernières technologies est essentiel pour réussir dans ce domaine dynamique.

LES INNOVATIONS EN MATIÈRE DE SÉCURITÉ

Les innovations en matière de cybersécurité en 2024 sont essentielles pour naviguer dans un monde connecté en toute sécurité. La croissance continue des technologies numériques a conduit à des avancées significatives dans les stratégies et les outils de sécurité.

L'Intelligence Artificielle (IA) en cybersécurité joue un rôle de plus en plus crucial. L'IA permet d'analyser rapidement de grandes quantités de données pour détecter des comportements anormaux ou des menaces potentielles, améliorant ainsi la rapidité et l'efficacité des réponses aux incidents.

La sécurisation de l'Internet des Objets (IoT) est devenue une priorité. Avec l'augmentation des appareils connectés, des solutions de sécurité innovantes sont nécessaires pour protéger les réseaux et les données contre les vulnérabilités inhérentes à ces dispositifs.

L'authentification biométrique a évolué, offrant une méthode de vérification plus sûre et plus pratique. Les systèmes biométriques utilisent des caractéristiques uniques de l'individu, telles que les empreintes digitales ou la reconnaissance faciale, pour renforcer la sécurité.

La blockchain en cybersécurité est de plus en plus adoptée. Elle offre une méthode de stockage de données transparente et sécurisée, particulièrement utile pour les transactions et la gestion d'identité numérique.

La sécurité des réseaux 5G est une préoccupation majeure. Les réseaux 5G ouvrent de nouvelles possibilités en termes de vitesse et de connectivité, mais ils exigent également des solutions de sécurité avancées pour protéger contre les risques accrus.

La formation et la sensibilisation à la cybersécurité sont devenues plus importantes que jamais. Les employés bien informés sont essentiels pour prévenir les attaques et réagir efficacement en cas d'incident.

Les réglementations en matière de cybersécurité continuent d'évoluer. Les entreprises doivent rester informées des dernières lois et normes pour assurer la conformité et protéger les données des clients.

Les partenariats en cybersécurité entre entreprises, gouvernements et institutions académiques favorisent le partage des connaissances et le développement de solutions innovantes.

En conclusion, les innovations en matière de cybersécurité en 2024 sont vitales pour garantir la protection des informations personnelles et professionnelles dans un environnement numérique en constante évolution. Ces avancées nécessitent une approche proactive et collaborative pour faire face aux défis et exploiter les opportunités de notre ère numérique.

CONCLUSION: CONSTRUIRE UN AVENIR NUMÉRIQUE SÉCURISÉ

Construire un avenir numérique sûr et prospère est un défi qui nécessite une approche globale et proactive. Dans ce monde connecté, où la technologie évolue à un rythme rapide, il est crucial de rester à jour avec les dernières tendances et innovations.

L'importance de la sensibilisation et de l'éducation en matière de cybersécurité ne peut être sous-estimée. Cela implique d'enseigner aux utilisateurs, des enfants aux adultes, comment naviguer en toute sécurité dans l'espace numérique et comment protéger leurs informations personnelles.

L'adoption de technologies émergentes telles que l'IA, la blockchain, et la 5G doit être accompagnée de mesures de sécurité robustes. Ces technologies offrent d'immenses avantages, mais elles présentent également de nouveaux défis en matière de sécurité.

La collaboration entre différents secteurs est essentielle. Les gouvernements, les entreprises privées, les institutions académiques et les individus doivent travailler ensemble pour développer des solutions de sécurité efficaces.

La prise en compte de l'éthique numérique est fondamentale. Alors que nous progressons vers un avenir plus technologiquement avancé, il est impératif de réfléchir aux implications éthiques de nos choix technologiques et de promouvoir un usage responsable de la technologie.

L'anticipation des tendances futures et la préparation à celles-ci sont cruciales. En comprenant et en prévoyant les évolutions technologiques, nous pouvons mieux nous préparer à faire face aux risques associés et exploiter pleinement leurs avantages.

En conclusion, la construction d'un avenir numérique sécurisé dépend de notre capacité à évoluer avec la technologie, à adopter des mesures de sécurité adaptatives, à éduquer les utilisateurs sur les meilleures pratiques et à collaborer pour créer un espace numérique où la sécurité et l'innovation vont de pair.

ÉPILOGUE

Chers lecteurs,

Alors que nous clôturons notre parcours à travers "2024: Naviguer dans un Monde Connecté - Stratégies pour la Cybersécurité et la Vie Numérique", j'espère que vous ressentez un sentiment d'enrichissement et de préparation à l'égard du monde numérique qui continue d'évoluer autour de nous. Ce livre a été conçu comme une boussole pour vous guider dans le paysage technologique de 2024, un paysage à la fois exaltant et intimidant.

Au fil des chapitres, nous avons exploré des sujets variés, tous cruciaux pour comprendre et s'engager efficacement dans notre réalité numérique. De la cybersécurité à l'intelligence artificielle, en passant par les cryptomonnaies et la réalité augmentée, chaque sujet a été abordé avec l'intention de vous fournir les connaissances nécessaires pour naviguer dans cet environnement complexe et en constante mutation.

Il est important de se rappeler que, bien que ce livre offre une base solide, l'apprentissage et l'adaptation continus sont essentiels dans le monde numérique. Les technologies évoluent, tout comme les risques et les opportunités qu'elles présentent. Restez curieux, informé et ouvert aux nouvelles connaissances.

Je vous encourage à utiliser ce que vous avez appris ici non seulement pour votre propre développement personnel et professionnel, mais aussi pour contribuer positivement à la société. Nous avons tous un rôle à jouer dans la création d'un avenir numérique sécurisé, éthique et prospère.

En fin de compte, ce livre n'est pas seulement une collection de chapitres sur la technologie; c'est une invitation à devenir un participant actif et conscient dans le monde numérique. Embrassez cette ère de transformation avec confiance et optimisme.

Je vous souhaite bonne chance dans vos futures entreprises numériques et j'espère que vous continuerez à explorer, apprendre et grandir dans ce monde connecté.

Avec mes meilleurs vœux pour votre voyage numérique,

Paul Brémond

Dans un monde où la technologie évolue à un rythme vertigineux, "2024: Naviguer dans un Monde Connecté" offre une exploration complète et accessible des tendances technologiques et numériques qui façonnent notre quotidien. Ce livre, écrit par Paul Brémond, est une ressource inestimable pour tous ceux qui cherchent à comprendre et à maîtriser les enjeux de la vie numérique en 2024.

À travers des chapitres détaillés et des analyses approfondies, le livre aborde des sujets essentiels tels que la cybersécurité, l'intelligence artificielle, le cloud computing, la blockchain, et bien d'autres. Chaque chapitre est conçu pour fournir des stratégies pratiques, des conseils et des perspectives pour vous aider à sécuriser vos informations personnelles et professionnelles, à optimiser votre utilisation des nouvelles technologies, et à anticiper les tendances futures.

En plus de fournir des connaissances essentielles, ce livre est un guide pratique pour naviguer dans le paysage numérique de 2024 avec assurance et compétence. Que vous soyez un professionnel cherchant à s'adapter à l'environnement de travail numérique, un parent soucieux de la sécurité en ligne de vos enfants, ou simplement un citoyen désireux de rester informé, vous trouverez des réponses claires et des orientations fiables.

ISBN 9798873011094

90000

9 798873 011094